LE PATRIOTISME,

OU

LES VOLONTAIRES

AUX FRONTIERES.

Le théâtre repréfente un lieu champêtre, fur le rivage du Rhin, au milieu duquel eft l'autel de la patrie. Le bataillon des Volontaires arrive en ordre & fe range près de l'autel ; les villageois & villageoifes occupent un côté de la fcene. La marche des Volontaires eft terminée par le maire de l'endroit, en écharpe, & le peuple.

SCENE PREMIERE.

SAINTFAR, pere, (maire,)

ARIETTE.

Jeunes guerriers,
Défendez la patrie,
Allez aux ennemis que vous donne l'envie ;
Apprendre à cueillir des lauriers.
Armés pour notre défenfe,
La juftice fuit vos pas ;
C'eft d'elle & de la vaillance,
Que dépend le fuccès des combats.

LE PATRIOTISME;

LES VILLAGEOIS ET VILLAGEOISES, (en chœur.)
Volez, volez à la gloire;
L'amour,
A votre retour,
Vous promet une autre victoire.

SAINTFAR, père.

Mes amis, voici l'instant de vous montrer dignes du nom François; déployez cette énergie qui n'appartient qu'à des hommes libres; soyez toujours ce que vous êtes; songez que la patrie a les yeux fixés sur vous.

SAINTFAR, fils ainé.

Mon père, nous sommes ses enfants, c'est vous en dire assez.

SAINTFAR, père.

Et malgré l'injustice des ennemis que vous allez combattre, n'oubliez jamais que le François fut de tout temps avare du sang.... ce sont des hommes.

LES SOLDATS.

Des assassins.

SAINTPAR, père.

Ils le deviennent par nécessité..... esclaves, ils doivent obeir.

SAINTFAR, fils.

Hommes, ils doivent être justes.

UN SOLDAT.

Que leur demandons-nous ? Que veulent-ils de nous ?

SAINTFAR, père.

Ils peuvent avoir été trompés.

SAINTFAR, fils.

Juste ciel ! & c'est avec le fer & le feu qu'il faut

les inftruire ! c'eft en égorgeant les hommes qu'on
prétend leur enfeigner leur devoir !

S A I N T F A R, pere.

Mon fils, ne cherchons point en ce moment à
pénétrer dans les fecrets politiques des cours....;
contentons-nous de ce que nous fommes ; l'excès des
abus les a pour jamais étouffés chez nous ; eh ! pou-
vons-nous favoir ce que la raifon prépare au refte de
la terre ? Mon fils, vous avez des devoirs facrés &
bien chers à remplir, ne vous occupez que d'eux ;
je n'ai jamais douté de votre courage ; rendez-vous
digne de la confiance de vos concitoyens.

(S A I N T F A R, fils, (*à demi-voix.*)

O ciel ! vous favez ce qu'il m'en coûte.

S A I N T F A R, pere.

Je fais comme vous qu'il eft cruel d'en venir à de
pareilles extrémités ; mais la paix & le bonheur que
nous promettent les fublimes travaux de nos augultes
légiflateurs, foulevent l'envie, & le deftin des rois
dépend fans doute......

S A I N T F A R, fils.

De la juftice qu'ils fe rendent, & de celle qu'ils
doivent aux peuples. Le roi des François vient de
donner un grand exemple à tous les potentats de la
terre ; qu'ils l'imitent s'ils veulent arriver au fuprême
bonheur ; qu'ils foient comme lui rois citoyens &
peres de leur peuple. En ceffant de les tyrannifer, le
fang des humains ceffera de couler ; mon pere, l'idée
d'en faire répandre une feule goutte me fait frémir,
& je ne fais quel fentiment femble arrêter mon bras.

S A I N T F A R, pere.

Je ne puis le blâmer ; mais la loi......, la patrie
te commandent....... (*à part.*) Quel froid ! quel
changement ! & qu'eft devenue cette noble ardeur ?!

SCENE II.

LES ACTEURS PRÉCÉDENTS, AUGUSTE

AUGUSTE, *en uniforme & sans armes,*

(Il perce la foule & se jette aux genoux de son pere.)

Mon pere....., je me jette à vos genoux, ne souffrez pas que je perde une si be.... occasion de signaler ma vie.

SAINTFAR, pere, *avec surprise, (le relevant.)*

Et quoi, mon jeune Auguste soldat !

AUGUSTE.

Oui, mon pere, permettez que je me range aussi sous l'étendart de la liberté; qu'on me donne parmi les défenseurs la place qu'on voudra, je ne serai point le dernier à montrer que je suis digne de l'être.

SAINTFAR, pere, *(s'adressant aux soldats.)*

Mes amis, vous ne pouvez refuser la grace qu'il demande.... Je n'ai que ces deux fils, mais ils appartiennent encore plus à la patrie ; ils la serviront, n'en doutez pas ; croyez que je suis prêt moi-même à périr sur leurs corps ensanglantés, s'il le faut, pour les y aider......

LES SOLDATS.

Qu'on l'arme, qu'on l'arme.

(On arme le jeune Auguste à l'instar des autres.)

SAINTFAR, pere.

O dieux ! protégez leur courage ; vous n'eûtes jamais un plus beau moment pour manifester votre pouvoir & faire triompher la justice..... Mes amis, le Dieu des armées va recevoir sur cet autel votre serment sacré de vivre libres ou de périr.

CHŒUR DES SOLDATS.

Arbitre souverain
Du destin
De la terre,
Reçois en ce moment
Le serment
Sincere
De notre fidélité :
Nous jurons à la patrie,
De consacrer notre vie
A la liberté.

(Tout le monde se retire ; la troupe défile sous les yeux du maire & de son fils, commandant ; qui restent seuls sur la scene.)

SCENE III.

SAINTFAR, pere, SAINTFAR, fils.

SAINTFAR, pere.

Mon fils, vous avez quelqu'inquiétude..... ; un sombre nuage semble obscurcir vos traits....: Pourquoi ne vois-je plus en vous cette ardeur de combattre que vous m'avez si souvent montrée, & pour laquelle vous sembliez né ?

SAINTFAR, fils, (embarrassé).

Mon pere......

SAINTFAR, pere.

Achevez..... Auriez-vous changé ? Ces hommes auxquels vous donniez avec tant de plaisir le doux nom de freres....; cette patrie pour qui.........

SAINTFAR, fils, (avec feu).

Ah, mon pere ! ils me sont toujours chers....

6   *LE PATRIOTISME;*

SAINTFAR, pere.

Eh bien donc, est-ce à l'instant de vous montrer digne du poste qui vous est confié, que vous balancez

SAINTFAR, fils.

Que ne puis-je vous ouvrir mon ame toute entiere

SAINTFAR, pere, (*avec tendreſſe.*)

Je t'ouvre les bras : viens, mon enfant ! Aurois-tu des ſecrets pour ton pere ? As-tu donc un meilleu ami ? (*à part.*) Quelle crainte vient me ſaiſir ! (*haut.*) Ah, mon fils ! l'ambition auroit-elle diſtillé ſon poiſon dans tes veines ? ..... Ne jouis-tu plus du bonheur des François ? La révolution, il eſt vrai, t'ôte quelques droits à la fortune, mais elle t'en donne tant à l'amitié de tous ceux qui t'entourent !

SAINTFAR, fils.

Comme vous, j'admire ....., je bénis ſes bienfaits.

SAINTFAR, pere, (*avec impatience.*)

Achevez, de grace.

SAINTFAR, fils,

Cette révolution cependant, ſur laquelle repoſe le bonheur de ma patrie, va peut-être faire le malheur de mes jours.

SAINTFAR, pere.

D'où vous vient cette crainte ? ..... Auriez-vous la lâcheté ? .....

SAINTFAR, fils.

M'en croyez-vous capable ? Avez-vous eu quelque reproche à me faire, avant que j'euſſe vu la trop ſéduiſante Fulvie ! .....

SAINTFAR, pere, (*avec ſurpriſe.*)

Vous aimez.....

                                      SAINTFAR ;

SAINTFAR, fils ; *(l'interrompant.)*

Ah, mon pere !

ARIETTE.

Élevé parmi les armes,
Je n'adorois que le dieu des combats ;
La gloire seule avoit pour moi des charmes ;
Et je m'attachois à ses pas ;
Mais en voyant la charmante Fulvie,
J'appris à connoître l'amour ;
Et son feu, depuis ce beau jour,
Embrase mon ame ravie.
Mais, mon pere, ne croyez pas
Que cet amour décourage mon ame ;
C'est du moment qu'il nous enflamme,
Qu'on sait affronter le trépas.

SAINTFAR, pere.

Vous aimez..... Fulvie..... notre captive..... la
fille de notre plus cruel ennemi..... ô ciel !

SAINTFAR, fils.

Ah, mon pere, vous connoissez sa belle ame, ne
la confondez point avec nos ennemis.... Qu'a-t-elle
fait pour être prisonniere en ces lieux ?

SAINTFAR, pere.

Ce qu'elle a fait !.... Ah, sans doute elle est
exempte de tout reproche ; mais apprends que la
providence semble l'avoir placée dans nos mains pour
mettre un frein à la rage de nos adversaires..... C'est
le pere de Fulvie lui-même, le superbe Erhoruler,
qui marche à leur tête de l'autre côté du Rhin, &
qui n'attend qu'un instant favorable pour nous écraser
sous ses coups.

SAINTFAR, fils.

Le pere de Fulvie..... ô ciel ! me réservois-tu
pour cette terrible épreuve ?...

B

SAINTFAR, pere.

Tu fais le peu de forces que nous avons pour ré-
fister à fes entreprifes, & s'il ne nous en arrive pas,
il ne faut qu'un inftant.....

SAINTFAR, fils.

Vous me faites frémir..... Ah !.... vous avez
percé mon cœur de mille coups de poignard....;
mais vous me rappellez à mon devoir, & j'y vole.

SAINTFAR, pere.

Va..... je n'ai jamais douté de cette noble ardeur.

SCENE IV.

SAINTFAR, pere, AUGUSTE.

AUGUSTE, (*à son frere, au moment qu'il fe retire.*)

Mon frere, je penfe que vous ne partirez point
fans moi.

SAINTFAR, pere.

Ainfi donc, Augufte, te voilà bien décidé à
marcher.

AUGUSTE.

Et à me battre, oui, à me battre, mon pere;
vous ne fauriez croire jufqu'où va mon courage.

SAINTFAR, pere.

Il pourroit bien s'arrêter lorfque l'ennemi fera là.
Mais, Augufte, as-tu bien réfléchi à la foibleffe de
ton âge ?.... La guerre n'eft point un badinage,
mon enfant; eft-ce bien le défir de fervir la patrie
qui t'entraîne ?........

AUGUSTE.

ARIETTE.

Oui, je me fens enflammer
Du noble défir de combattre ;
Et tout comme je fais l'aimer,
Pour elle je faurai me battre,
Ne craignez rien pour moi,
Mon pere, j'ai du courage ;
Et lorfqu'on combat pour foi,
La valeur eft de tout âge.

SAINTFAR, pere, (*ironiquement.*)

C'en eft donc fait...., Augufte va fe fignaler ;
Augufte va devenir un héros....: Mais, dis-moi,
d'où te vient cet uniforme ?

AUGUSTE.

Oh, je ne puis vous le dire qu'à mon retour,
n'en foyez pas fâché.....; c'eft un fecret que ma
nourrice m'a bien recommandé de garder.

SAINTFAR, pere.

Ta nourrice, la pauvre Bertrant.

AUGUSTE.

Mais je ne vous ai pas dit.....

SAINTFAR, pere.

Oh, non...., non...; mais cela me rappelle
une chofe: as-tu du moins de l'argent ? car le pain
qu'on mange à l'étape n'eft pas toujours bien beau ;
& fi vous étiez obligé de refter long-temps à votre
pofte, ton petit eftomac..... (*en lui donnant une
bourfe,*) Tiens, voilà pour t'en procurer du meilleur,
s'il eft poffible.....; & puis, un militaire doit toujours
faire un petit accueil à fes camarades.

LE PATRIOTISME;

AUGUSTE.

Grand merci, mon pere ; il me paroît que nous avons de quoi porter quelques santés à tous nos bons François.

SAINTFAR, pere.

Très-bien.... ! tu parles de boire, te voilà soldat.... Ah ça, il ne faut pas partir sans aller voir ta nourrice...; tu m'entends, Auguste.

AUGUSTE.

Oh ! non, mon pere.

(Saintfar se retire.)

SCENE V.

AUGUSTE, seul.

Non, ma pauvre nourrice, je ne partirai point sans t'aller embrasser.....; je n'oublierai jamais ce que tu viens de faire pour moi, & le plaisir que tu me procures. J'ignore ce qu'a coûté cet uniforme que je dois à tes soins......; mais il y a de l'or dans cette bourse, & je ne veux pas tout l'emporter. Avec la moitié de cet argent, j'ai bien de quoi régaler mes amis plusieurs fois........ Mais voici Blaise ; il paroît chagrin.

SCENE VI.

AUGUSTE, BLAISE.

BLAISE, (comme s'il venoit de pleurer.)

Eh bien, monsieur Auguste, vous partez donc ?

AUGUSTE.

Je gage que tu serois bien aise, mon pauvre Blaise,
venir aussi avec nous.

BLAISE.

Oh sûrement, si je pouvions marcher.... mais
vrons trop de chagrin, il m'ôte le courage, & il
droit que je m'arrêtas à tous les pas.

AUGUSTE.

Tu as du chagrin, mon bon ami ?

BLAISE.

Oh bian du chagrin, monsieur Auguste.

AUGUSTE.

Raconte-moi cela bien vîte.

BLAISE.

Ah, monsieur Auguste, si tous les hommes
blioht à monsieur votre pere, il n'y auroit pas
méchants, il n'y auroit pas non plus des enfans
malheureux.

AUGUSTE.

Cela est vrai.....; mais raconte-moi donc.....

BLAISE.

Vous savez bien que depuis que mon pere est
mort, ma mere est veuve; vous savez aussi que mon
frere s'étoit engagé, il y a déjà long-temps, pour
être soldat.

AUGUSTE.

Oui, je sais tout cela.

BLAISE.

Eh bien, comme je n'étions pas assez fort pour
tout faire dans nos champs, ma mere acheta, il y a

six mois, le congé de mon frere, qui lui coûta cent écus : cela l'a mise dans l'impossibilité de paye cette année la farme de M. Breval ; ce méchant homme que vous appellez aristocrate, & qui est si heureusement passé dans l'étranger, bien loin de nous.....: vous savez aussi que la sécheresse a grillé toute notre récolte.

AUGUSTE.

Eh bien.

BLAISE.

Eh ben, v'là que parce qu'elle ne peut lui donner que la moitié de ce qu'elle lui doit, il l'a fait chasser de la farme par un méchant homme comme lui, qui se dit son fondé de pouvoir...., & v'là que nous sommes logés à la rue comme.....ah, mon Dieu, mon Dieu......

AUGUSTE, (avec feu.)

Elle a, dis-tu, de quoi lui payer la moitié ?.... Et qu'est-ce qu'elle lui doit en tout ?

BLAISE.

Oh, Monsieur, ben de l'argent.

AUGUSTE.

Mais encore.

BLAISE.

Deux cents francs, tous entiers.

AUGUSTE, (avec feu.)

Deux cents francs, & elle en a la moitié..... Attends, mon ami. (il regarde ce que contient sa bourse, & dit :) Oh, que je suis heureux, dix louis, oui, dix louis.... Tiens, mon ami, donne ces cinq à ta mere.

BLAISE.

Mais, monsieur Auguste.....

AUGUSTE.

Soulage-moi d'un autre embarras; fais-moi le plaisir de remettre ces cinq autres à ma nourrice quand je serai parti.

BLAISE.

Mais.... vous êtes trop bon....

AUGUSTE.

Et non, non, mon ami, le premier jour je serai peut-être tué; d'ailleurs, j'en suis quitte pour manger comme les autres, le pain de l'étape.

BLAISE, (baisant l'argent.)

Oh, ma mere, comme j'allons vous faire plaisir.

AUGUSTE.

Va, mon cher Blaise, si tu veux me laisser le mien, qu'elles ignorent toutes deux d'où cet argent leur vient.

(Blaise se retire en baisant l'argent que vient de lui donner Auguste.)

SCENE VII.

AUGUSTE, seul.

Bon....., je suis plus content que si je l'avois encore. Avec cet argent j'aurois pu, à la vérité, régaler mes camarades....; eh bien, n'est ce pas la même chose ? je leur laisse le plaisir de me régaler eux-mêmes.

SCENE VIII.

AUGUSTE, COLAS.

*(Colas sous les armes en chamarré, & dans l'accou-
trement le plus comique.)*

AUGUSTE.

Quelle est donc cette étrange figure qui nous
vient là ?

COLAS.

Ah, monsieur, monsieur Auguste, j'avons appris
que vous partiez avec les Volontaires ; je v'nons vous
prier de leur annoncer volontairement, que j'ons aussi
volontiers la volonté de les suivre.

AUGUSTE, *(riant de toutes ses forces.)*

Ah, ah, ah, ah, c'est toi, mon pauvre Colas ;
comme te voilà rangé ; je t'ai, ma foi, pris pour un
épouvantail.

COLAS.

Je n'savons pas ce que ça veut dire, mais me v'là
soldat.

AUGUSTE, *(riant toujours.)*

Soldat ; ah oui ; vraiment soldat ; & d'une belle
facture.

COLAS.

Oh, vous avez toujours de ces mots que je ne
comprenons pas.... ; tant y a que j'sis soldat.

AUGUSTE.

Eh bien, oui, soldat, je t'entends ; mais ce n'est
pas tout, il faut être bon soldat ; & toi, as-tu assez
de courage pour......

COLAS.

COLAS.

Du courage....; ah, parguienne, Monsieur, je n'en avons pas tant que si j'en avions davantage ; mais vous varrez.....

AUGUSTE.

Et connois-tu le maniement des armes ?

COLAS.

Bah...., v'là qu'est ben difficile....; tenez, j'allons faire devant vous.

(*Il fait un exercice à sa maniere, dont il fait lui-même le commandement.*)

AUGUSTE.

Fort bien....; & quand le canon grondera ?

COLAS.

ARIETTE.

Quand le canon grondera,
Quand le boulet partira,
Je l'verrons ben v'nir peut-être ;
Comm'je saurons vous l'esquiver.
Gnia qu'magniere pour le sauver,
Gnia qu'magniere de se tourner,
Dès l'instant qu'on l'voit paroître ;
Et pis l'on n'se met pas là tout d'vant,
Pour s'faire tuer comm'une bête ;
On a d'la ruse, on a d'la tête,
A parer l'coup auparavant.

AUGUSTE.

Très-bien....; vraiment, tu as des secrets merveilleux.

COLAS, (*avec importance.*)

Oh...., j'en avons un, Monsieur, qu'est ben autre chose que ça.

AUGUSTE.

Quel est-il ?

COLAS.

Tenez, j'allons vous l'confier....; mais n'faut pas faire trop de bruit, on pourroit ben en faire usage contre nous. (*avec un air mystérieux.*) Je connoissons une plante qu'a la vartu de faire éternuer malgré vous; j'en mettrons en poudre ben fine une bonne quantité, & pis quand j'serons là devant les ennemis, je saisirons le bon vent; j'en semerons en l'air queuq'dose, ils vous avaleront çà par le nez, & quand ils voudront nous ajuster, couchés comme çà sur leurs fusils, au moment de tirer, atchit, (*il fait semblant d'éternuer.*) ils éternueront, cracheront sur le bassinet, & crac..., le coup ratera.

AUGUSTE.

Admirable....; mais si ton secret n'a pas son effet, & que tu ne saches pas employer d'autres armes....

COLAS, (*montrant son sabre.*)

Et n'avons-je pas ceci, morguienne ?

AUGUSTE.

Et si tu ne sais pas t'en servir ?

COLAS.

Ah ben...., qu'on s'y frotte.

AUGUSTE.

Parbleu, il me vient une idée : en attendant que nous soyons aux prises avec l'ennemi, voyons comme tu t'y prendras; faisons ici nous deux la petite guerre; j'ai une arme égale à la tienne; allons, frappons d'estoc & de taille.

COLAS.

Qu'est-ce que cela veut dire ?

AUGUSTE.

(*A part.*) Le pauvre animal ! voilà qu'il tremble déjà. (*haut.*) Allons donc...., sabre en main.

C O L A S.

Ah çà, ne badinez-vous pas ?.... & fi tout en bataillant comme çà, nous allions nous tuer tous les deux ?

A U G U S T E.

Tu as déjà peur, poltron ? ce n'eft qu'un femblant.

C O L A S.

Oh, ce n'eft pas cela qui me fait trembler; par-guienne, c'eft ben moi qui fuis bâti pour avoir peur...; mais fi ftapendant nous reftions mort fur le champ de bataille, nous ne nous en releverions, que je crois.

A U G U S T E.

Va toujours, allons, en garde.

C O L A S.

Ah çà, ce n'eft donc que pour badiner ?

A U G U S T E.

Et non, fans doute.

C O L A S, (*tirant le fabre.*)

Et ben m'y v'là.

(*Colas porte fes coups de la maniere la plus comique & la plus gauche, & reçoit tous ceux d'Augufte.*)

C O L A S, (*après le combat.*)

Et ben, c'la va-t-il ?....

A U G U S T E, (*en riant de toutes fes forces.*)

Pas mal...., pas mal....; mais ce n'eft pas tout ; voyons maintenant fi tu faurois faire ufage de ton fufil ; ceci, à la guerre, demande une combinai-fon...., des regles dont on ne peut s'écarter....... Voyons.....; je ferai comme fi j'étois l'ennemi, moi. Tiens, je vais me mettre ici, & je ferai le commandement. Garde à vous.....

(*Il commande l'exercice ordinaire, & au mot de feu, il tire un coup de piftolet chargé à poudre, qu'il fort de fa poche de culotte, fans que Colas s'en foit apperçu. Colas tombe & fe croit mort.*)

C O L A S.

Ah..., je fis mort.   (*Il refte étendu & immobile.*)

AUGUSTE, *en riant*, (*de la place qu'il occupoit.*)

Ah, ah, ah, ah, voilà un foldat bien courageux...; il ne bouge pas...; je croirois l'avoir tué vraiment, fi mon piftolet eût été chargé à balle. (*il s'approche de lui & l'appelle.*) Colas......

C O L A S, (*à demi-voix.*)

Je fis mort.

AUGUSTE, (*il l'appelle encore, mais plus bas.*)

Colas...; il ne dit mot...; laiffons-le là....; revenu de fa furprife, il ne demandera plus à marcher au combat.

S C E N E IX.

COLAS, (*étendu.*) FULVIE, AUGUSTE.

A U G U S T E.

(*Au moment qu'il fe retire, il rencontre Fulvie près des couliffes.*)

Ah, Mademoifelle, avez-vous quelque chofe à envoyer dans votre pays ?.... dans peu nous efpérons lui donner de nos nouvelles.

F U L V I E.

Monfieur Augufte, faites-moi le plaifir de dire à monfieur votre frere que je l'attends ici.

A U G U S T E.

S'il peut quitter le bataillon, je vous l'envoie fur le champ.

SCENE X.

FULVIE, COLAS, (*toujours étendu.*)

FULVIE.

QUELLE ardeur !... il faut convenir cependant que ces François font charmants.... Jusqu'à quel point ne portent-ils pas l'amour de la patrie ? Grands & petits, tout est soldat, tous font prêts à répandre leur sang pour elle.... Répandre leur sang ! ô ciel !.... Ah ! si mon cher Saintfar.... (*appercevant Colas.*) Que vois-je ?.... un homme sur le sable ! (*appellant Colas.*) Bon homme..., bon homme..., que faites-vous là ?

COLAS, (*se soulevant un peu.*)

Je crois que je suis mort.

FULVIE.

Qui vous a mis là ?

COLAS.

La guerre.

FULVIE.

Êtes-vous blessé ?

COLAS.

Il le faut ben.... (*il se souleve un peu & reconnoît Fulvie.*) Ah, mademoiselle Fulvie, je vous reconnoissons, ayez pitié de moi.

FULVIE, (*l'aidant à se lever.*)

Levez-vous, mon ami...; où êtes-vous blessé ?

COLAS.

Ah, Mademoiselle, je dois l'être par-tout...; un coup de canon dont je ne me méfions pas...; (*il cherche fur fon corps.*) je ne trouvons pas où a porté le coup....; ftapendant il a été ben terrible.

FULVIE.

Et comment cela vous eft-il donc arrivé ?

COLAS.

Tenez, Mademoifelle, voici comme cela s'eft fait.... J'étions ici à faire la petite guerre avec monfieur Augufte ; nous n'y mettions pas de malice, nous : mais ne v'là-t-il pas qu'un de vos méchants garnements qui nous aura vu de l'autre côté du fleuve, nous a lâché un boulet qui nous a flanqué là fur le carreau, fans nous donner le temps de le voir venir. Ils font ben méchants, vos pays....; peut-être auffi que c'eft d'peur qu'il l'a fait, en nous voyant comme çà faire la guerre à derire & pour nous effayer ; il aura cru que c'étoit tout d'bon pour lui.... Mais.... (*il cherche autour de lui par terre.*)

FULVIE.

Que cherchez-vous donc ?

COLAS.

Je cherche le pauvre monfieur Augufte ; il aura peut-être été mis en poudre.

FULVIE.

Monfieur Augufte ? je viens de le quitter & de lui donner une commiffion. (*à part.*) Affurément ce pauvre homme a perdu le bon fens.

COLAS.

Oui da ; oh ben je fuis ben aife de çà ; j'étions déjà fâché d'être reffufcité, tout exprès pour aller dire à monfieur fon pere qu'on l'avoit tué ici.... Bon Dieu ! qu'ils font donc méchants vos impériaux.... S'ils vous reffembliont tous au moins.... Ils font ftapen-dant caufe que vous êtes ici prifonniere....; car

monſieur Saintfar le pere nous a dit comm'çà qu'il
avoit reçu des ordres pour ne pas vous laiſſer partir ;
& vous garder pour....., attendez donc ; comment
que çà ſe dit donc ?.... pour....

FULVIE.

Pour otage ?

COLAS.

V'là le mot.....; je ne ſavons pas trop ce que çà
veut dire ; mais il faut ben que notre maire le ſache,
lui, & qu'il aie ſes raiſons pour cela.

FULVIE.

Je vois venir ſon fils ; laiſſez-moi, mon ami, un
inſtant avec lui.

COLAS.

Je le veux ben....., ni pus ni moins, gnia pas de
ſûreté ici, c'eſt trop à découvert, &.... ils vous ont
là bis des lunettes d'approche avec leſquelles ils vous
ajuſtont ſi bien, qu'ils tombent ſur vous ſans que
vous vous en doutiez.

(*Comme il ſort, Saintfar entre ſur la ſcene.*)

SCENE XI.

FULVIE, SAINTFAR, fils.

FULVIE.

Eh bien, Saintfar, rien ne peut donc vous rete-
nir ?..... votre départ eſt arrêté.

SAINTFAR, fils.

Nous n'avons encore aucun ordre ; placés ſur la
frontiere, il paroît que nous n'en bougerons pas.

FULVIE.

Êtes-vous bien décidé, mon cher Saintfar, à expoſer

ainſi vos jours, & n'éprouvez-vous rien de ce q
vous me faites ſouffrir ?

SAINTFAR, fils.

Ah, Fulvie ! pourquoi le ciel nous donne-t-il en
ce moment des ennemis chez vous ?

FULVIE.

Telle eſt, ſans doute, la funeſte politique des cours.

SAINTFAR, fils.

Mais que demandons-nous à la vôtre ?... & quand
la patrie ſe repoſe ſur nous...., pourriez-vous m'en-
gager à la trahir ?

FULVIE.

Non....; mais changez donc mon cœur, diſſi-
pez-en toutes les inquiétudes, ſi vous voulez que je
vous approuve.

SAINTFAR, fils.

Charmante Fulvie ! croyez-vous le mien inſenſible
& exempt de toute atteinte ?.... Ah ! vous ne ſavez
pas combien le devoir que je vais remplir lui eſt
pénible ; vous ne connoiſſez pas tous mes malheurs
& les vôtres ; vous ne vous doutez pas de l'ennemi
que nous allons combattre.

FULVIE.

Que dites-vous ?

SAINTFAR, fils.

Apprenez que votre pere, irrité peut être de votre
captivité, a demandé & obtenu le commandement
des troupes qu'on apperçoit depuis quelques jours ſur
le rivage ; que ſon deſſein eſt de paſſer le Rhin, &
de venir avant peu vous arracher triomphant de ces
lieux..... Qu'il connoît mal le François !... Croit-il
donc ſon entrepriſe ſi facile ?... Il n'eſt pas ici un
individu

individu qui ne périffe pour la caufe commune, &
je crains que fes jours.....

FULVIE, (*levant les mains au ciel.*)

O ciel! proteges-les!

SAINTFAR, fils.

Quel carnage n'avons-nous pas à redouter, s'il
perfifte dans fes projets?

FULVIE.

Dieux! vous voyez mon affreufe perplexité! faut il
que je n'aie connu l'amour que pour le rendre cri-
minel? Eft-ce pour mon amant, eft-ce pour mon
pere, ô dieux! que je dois vous implorer?

SAINTFAR, fils.

Le ciel en confervant mes jours, les rend garants
de ceux de votre pere....; mes foins dirigés vers
lui......

FULVIE.

Et qui peut me répondre de vous..... Ah!
Saintfar, fi vous m'aimiez, comme vous me l'avez
dit plufieurs fois.....?

SAINTFAR, fils.

Eh bien.....

FULVIE.

Eh bien, ne m'entendez-vous pas?

SAINTFAR, fils.

Eh quoi! vous exigeriez une trahifon de ma part!

FULVIE.

Non, Saintfar, non; mais un autre à votre place....
(*Saintfar pénétré de douleur, veut fe retirer; Fulvie
le retient.*)

RÉCITATIF.

Je n'ai donc allumé dans votre ame
Qu'un feu paffager?

B

SAINTFAR, fils.

Plaignez-moi ;
L'amour le plus ardent m'enflamme,
Mais mon destin me fait la loi.

FULVIE.

Vous partez….

SAINTFAR, fils.

Hélas ! tout l'ordonne.

FULVIE, (à part.)

L'ingrat ! … il m'abandonne !
(Haut.) Que vais-je devenir ?

SAINTFAR, fils.

O destin rigoureux !

FULVIE.

Et quel est l'ennemi…. mon pere ! justes dieux !
C'est lui que vous allez abattre,
Sous vos coups.

SAINTFAR, fils.

Quand je vais combattre,…
Les dieux me sont témoins……

FULVIE.

Inutiles sermens !
Puis-je croire encore tes promesses ?
Cruel ! tu pars……

SAINTFAR, fils.

Dieux ! quels tourmens !

FULVIE.

Et, tu me laisses.

SAINTFAR, fils.

Je vais remplir mon devoir.

FULVIE.

A quel malheur je me vois condamnée !

SAINTFAR, fils.

Ah !... tu connois tout le pouvoir
Qui m'enchaîne à sa destinée.

FULVIE.

DUO.

Va.... si tu sentois tout le mal que j'endure;
A la pitié fermerois-tu ton cœur ?!

Au nom de mon amour, au nom de la nature;
Laisses-moi fléchir ta rigueur.

SAINTFAR, fils.

Ah ! si tu sentois tout le mal que j'endure;
Tu ne voudrois pas accabler mon cœur.

Sensible à ton amour, sensible à la nature;
Ne l'accuses pas de rigueur.

ENSEMBLE.

FULVIE.	SAINTFAR, fils.
Puisqu'il te faut une victime,	Que je sois plutôt la victime,
Arraches-moi le jour;	Que je perde le jour,
Ne rends pas mon amour,	Avant que mon amour
Complice de ton crime.	Se souille d'un tel crime.

SCENE XII.

LES ACTEURS PRÉCÉDENTS, LES SOLDATS, LE PEUPLE.

Aux armes, aux armes,
Les ennemis sont sur nos pas.

SAINTFAR, fils, à Fulvie.

Ah ! du moins cachez-moi vos larmes;
Fulvie, ne m'accablez pas.

LE PATRIOTISME.

LES SOLDATS.

Aux armes, aux armes,
Les ennemis sont sur nos pas ;
Songeons à nous défendre ;
Qu'ils tremblent devant nous,
Et courons leur apprendre
A redouter nos coups.

LE PEUPLE.

Volez, volez à la gloire ;
Combattre pour la liberté ;
C'est marcher avec sûreté
A la victoire.

LES SOLDATS.

Volons, volons à la gloire ;
Combattre pour la liberté ;
C'est marcher avec sûreté
A la victoire.

(Tout le monde se retire ; le théâtre change & présente à l'instant une forêt, dans laquelle se passe l'action la plus vive entre les ennemis & les patriotes. Colas, qui s'est trouvé parmi ces derniers, saisi par la crainte, met son fusil en bandoulière & grimpe sur un arbre, du sommet duquel il ajuste un coup de fusil sur un tolpache qui traverse la scène, & le tue. Le commandant Bthmuler se trouve pris & désarmé par un groupe de patriotes ; il se défend encore, lorsque sa fille accourt & tombe aux genoux des combattants, pour calmer leur rage) en s'écriant : mon pere ! Saintsar arrive vainqueur, le sabre à la main & saisi d'effroi pour les jours d'Bthmuler ; il le débarrasse, tombe à ses genoux & met bas les armes, au moment qu'il dit à ses soldats :)

SCENE XIII.

SAINTFAR, fils, FULVIE, ETHMULER.

SAINTFAR, fils.

GRUEL! il est sans armes.

FULVIE.

Ah, Saintfar! sauvez ses jours.

SAINTFAR, fils.

Ne craignez rien.... Monsieur, que je m'estime heureux de vous servir!

ETHMULER.

Généreux ennemi! que ne vous dois-je pas?

SAINTFAR, fils.

Rien, Monsieur, rien; soyez libre. J'ai servi ma patrie; elle doit être satisfaite: qu'il me soit permis à présent de défendre le pere de la charmante Fulvie; j'aurai tout à la fois obéi à l'amitié & à l'amour.

(*On débarrasse le champ de bataille des cadavres restés au combat.*)

ETHMULER.

Ma fille, que veut-il dire?

FULVIE.

Mon pere, il est votre défenseur, il est à vos pieds, quand il devroit être votre ennemi! c'est vous en dire assez.

SAINTFAR, *fils.*

Ah ! ne croyez pas que l'amour seul m'ait conduit... ; la fraternité & la justice, devoirs sacrés pour la nation Françoise, m'y auroient engagé, quand même je n'aurois pas aimé l'adorable Fulvie.

(Rihmuler prend les mains de Saintfar, les serre, & applaudit à ses sentimens.)

SCÈNE XIV.

LES ACTEURS PRÉCÉDENTS, LES SOLDATS, LE PEUPLE, précédés du Maire.

(Ils arrivent sur la scene en marche, & au son de la trompette.)

(La marche des soldats est terminée par quelques tolpackes & deux François enchaînés.)

LES SOLDATS (*en chœur.*)

La victoire !
Est à nous.

LE PEUPLE, (*en chœur.*)

Qu'il est doux
De célébrer votre gloire.

LES SOLDATS

La victoire
Est à nous.

SAINTFAR, *fils.*

Quand la patrie
Commande au cœur,
L'humanité se lie
A la valeur.

LES SOLDATS,

La victoire ! c'est vous
Est à nous.

LE PEUPLE.

Qu'il est doux
De célébrer votre gloire,
SAINTFAR, pere.
Conduits par la justice,
Elle a guidé vos bras ;
Le succès a suivi vos pas.
A vos efforts, braves soldats,
Le ciel n'a pu qu'être propice.

LES SOLDATS.

La victoire
Est à nous, &c. &c. &c.

SAINTFAR, fils.

Souffrez, mon pere, que je vous présente le brave Ethmuler.

ETHMULER.

Permettez-moi d'embrasser le pere de mon généreux défenseur.

(*Ethmuler & Saintfar pere s'embrassent avec transport.*)

SAINTFAR, fils.

Achevez, mon pere, d'étouffer le germe d'une haine qui naquit de l'erreur & de la perfidie.

ETHMULER.

S'il vous reste encore quelqu'un à accabler de votre inimitié, le coupable est à vos yeux ; ne condamnez pas le soldat qui s'est laissé conduire.

SAINTFAR, pere.

Connoissez donc le cœur des François..... ; qu'on brise leurs liens, & qu'ils fassent place en ce jour à ceux de l'amitié.

SAINTFAR, fils.

Mon pere, & vous, Monsieur, (*à Ethmuler.*) joignez-y ceux de l'hymen.

ETHMULER, *(prenant Fulvie & Saintfar par la main.)*

Soyez donc mes enfants.

SAINTFAR, pere, *(s'adreſſant à Fulvie.)*

Soyez auſſi les miens.

COLAS, *(à côté d'Ethmuler.)*

Mon Dieu, mon Dieu, qu'eu terrible choſe que la guerre donc ; com'çà vous a friſé tout ce monde dans un inſtaht…., & d'une…. ; çà peut compter, que je crois…. ; *(en affeʃʃant de parler ſur l'épaule d'Ethmuler)* çà prouve au moins que ſtila qu'a tort n'a pas raiſon….. ; *(avec méchanceté)* attrape…..

(Les ſoldats amenent deux François enchaînés, Auguſte en tient un au colet.)

AUGUSTE.

Mais, ceux-ci ſont François.

FULVIE.

J'implore leur grace.

SAINTFAR, pere.

Les lâches ! ils n'ont pas craint d'armer leurs mains ſanguinaires contre leur patrie !… la loi eſt expreſſe à leur égard ; le roi peut ſeul l'adoucir : qu'on les mette en ſûreté…. Mais vous, brave Ethmuler, qu'eſt-ce qui a pû vous conduire au projet affreux….?

ETHMULER.

Le menſonge, & ; comme vous l'a dit votre fils, la perfidie des vôtres….. Quels tableaux effrayants ne nous a-t-on pas mis ſous les yeux ? D'une part, ma fille captive, votre roi priſonnier…..

SAINTFAR, fils.

Comme l'eſt un pere tendre & chéri ; lorſqu'il eſt
enveloppé ,

enveloppé, pressé de toutes parts dans les bras de ses enfants.

ETHMULER.

De l'autre, la France accablée sous le poids....

SAINTFAR, *père*.

De la trahison, du parjure,...

SAINTFAR, *fils*.

Mais elle a encore des amis, des défenseurs prêts à tout faire pour elle...

SAINTFAR, *père*.

Une fois la paix établie au dehors, nous trouverons bien les moyens,...

ETHMULER.

Eh quoi ! vous porteriez....

SAINTFAR, *fils*.

Que vous nous jugez mal ! chez un peuple de freres, le pardon fut toujours au-devant du repentir.

ETHMULER.

Généreux & braves François ! que tant de vertus vous agrandissent, vous élevent & vous rendent dignes d'admiration..... Non, vous n'avez point perdu l'estime de vos fideles alliés ; le voile va tomber, & bientôt, à votre exemple, tous les peuples de la terre ne seront plus qu'une seule famille.

SAINTFAR, *fils*.

Ah ! croyez que les François ne désirent rien avec plus d'ardeur qu'une union perpétuelle avec eux, fondée sur les principes inaltérables de la justice & de la liberté.

E

SAINTFAR, père, SAINTFAR, fils,
ETHMULER, FULVIE.

QUATUOR.

Aimable paix, source féconde,
Du vrai bonheur des humains,
Si tu tiens dans tes mains
Les destins
De la terre & de l'onde,
Fais-les jouir de tes bienfaits,
Que nous célébrions à jamais,
Les douceurs que tu ——— procure ;
Et dans des momens aussi doux,
Fais-toi connoître comme nous,
Enfant de la nature.

(*Tout le monde en chœur.*)

Fais-toi connoître comme nous,
Enfant de la nature.

(*Le théatre change & présente un lieu préparé pour une fête ; le spectacle finit par un divertissemens analogue à la circonstance.*)

FIN.

N. B. Les personnes qui voudroient se procurer la partition de ce divertissement, peuvent, quant à présent, s'adresser à M. WALTER, maison Deyrieu, près le pont d'Ainay, à Lyon.

9 782019 135591